La GRANDE HISTOIRE de mes 6 ANS

Écrite par : **Charlotte Grossetête**
Illustrée par : **Éric Puybaret**
Illustration de couverture et pictos pp. 28-31 : **Prisca le Tandé**

FLEURUS

Kerala, le panda à six doigts

Il faisait un froid glacial ce jour-là. La grande forêt où vivait Kerala le panda, était recouverte de neige. Tous les animaux étaient blottis dans leurs tanières

en attendant des jours meilleurs.

Mais Kerala était un petit panda débrouillard.
Il se dit :
« Puisque la forêt a mis son manteau de neige, moi,
je vais mettre des gants !

Je n'ai pas envie d'être transformé en glaçon ! »

Kerala trottina gaiement jusqu'à la ville.

Il entra dans un magasin et salua la vendeuse :

« Bonjour, madame,
je voudrais acheter des gants.

Voilà ma patte. Pourriez-vous m'aider à trouver

la bonne taille, s'il vous plaît ? »

La vendeuse était d'une humeur épouvantable. Elle dit d'un ton sec :

« Vous ne voyez pas que vous avez six doigts ?

Je n'ai pas de gants pour vous.

– Bien sûr que j'ai six doigts, répondit Kerala.

Tous les pandas ont six doigts !

– Eh bien, vous n'aviez qu'à avoir cinq doigts comme tout le monde.

Au revoir. Je n'ai pas de temps à perdre avec un panda,

on n'est pas au cirque ici ! »

Et elle poussa Kerala vers la sortie.

Kerala se mit à arpenter tristement les rues de la ville. Il cachait son chagrin derrière ses belles lunettes noires, mais il avait le cœur gros.

« Je ne suis pas comme tout le monde ! »

répétait-il en regardant ses pattes...

Le soir tombait. Kerala allait reprendre le chemin de la forêt lorsqu'il entendit des lamentations venant d'une toute petite maison.
N'écoutant que son bon cœur, il se dit :
« Il y a ici un homme plus malheureux que moi.

Je pourrais peut-être lui rendre service ? »

Il approcha de la maison et gratta doucement la porte avec

ses six doigts.

« Entrez ! »

Un beau jeune homme était assis devant de gigantesques piles de papier blanc. Le panda demanda :
« Excusez ma curiosité ! Puis-je vous aider ? »
Le jeune homme secoua la tête.

« Hélas ! Je suis Wen Yan, le jardinier du roi. En travaillant dans le parc du château, je croise souvent la fille du roi, une douce princesse, belle comme le jour. Pour mon malheur, j'en suis tombé amoureux ! Elle m'aime aussi, mais le roi ne veut pas de mariage car je ne suis ni riche ni noble.
Il m'a dit d'un air moqueur : "Voilà six mille feuilles de papier. Puisque tu es jardinier, transforme-moi pour demain matin ces feuilles en fleurs. Alors je te donnerai ma fille en mariage."

Tu comprends pourquoi je pleure, gentil panda ? »

Les yeux de Kerala brillèrent malicieusement sous ses lunettes noires.

« Wen Yan, j'ai la solution ! Il faut faire des pliages ! Sais-tu plier une feuille de papier en forme de rose ? Regarde ! »

Prenant une feuille, le panda la plia en tous sens.

Sous les yeux de Wen Yan apparut une rose à six pétales.

« Elle est superbe : il ne lui manque que l'odeur ! dit le jardinier émerveillé. Mais il y a six mille feuilles...

C'est trop pour un seul homme !

– Mais pas pour un panda ! répondit Kerala en riant.
J'ai six doigts à chaque main, moi, jeune homme !
Comme il me faut trois doigts pour faire un pliage,
je peux faire deux pliages en même temps. Et comme j'ai deux mains…
– Tu peux faire quatre pliages en un clin d'œil ! »
compléta Wen Yan enthousiasmé.

Le panda et son ami travaillèrent toute la nuit. Le lendemain à l'aube, six mille fleurs multicolores jonchaient le sol de la maison !

Fou de joie, Wen Yan les emballa dans un grand sac et courut au château pour les déposer aux pieds du roi. Pendant ce temps, Kerala s'offrait une sieste bien méritée. Quelle ne fut pas sa surprise lorsque le jardinier le réveilla avec une mine d'enterrement !

Wen Yan était lourdement chargé...

« Que se passe-t-il ? Que vas-tu faire avec cet immense paravent, ces pots de peinture, ces pinceaux ?

– Le roi a trouvé que je n'en avais pas fait assez, soupira Wen Yan. Maintenant, il veut que je décore ce paravent. “Tu es jardinier, tu connais la nature ! Tu vas me peindre tous les animaux possibles. Je veux des singes, des tigres, des pingouins, des élans, des tortues et autres bêtes exotiques. Rapporte-moi ton œuvre dans trois heures et cette fois, promis, je te donnerai ma fille.” »

Wen Yan était désespéré.

« Comment pourrai-je surmonter cette épreuve ? Je ne suis pas peintre. Et je n'ai jamais voyagé. Je ne sais pas à quoi peut ressembler une otarie ou un marsouin ! »

Kerala le consola.

« Moi, je suis né dans un zoo. On m'a remis en liberté, mais j'ai grandi parmi tous les animaux du monde, et je les connais comme mes frères.

Laisse-moi faire ! »

Le panda s'assit devant le paravent. Grâce à ses six doigts, il pouvait tenir deux pinceaux dans chaque main... Il travailla très vite. En deux heures, il avait fini un magnifique paravent multicolore, avec des animaux de toutes tailles, de la coccinelle à l'éléphant ! En bas à droite, il avait mis une signature discrète :

c'était un petit panda qui faisait coucou avec ses six doigts.

Wen Yan se remit en route pour le château,
un peu inquiet :
« Je suis sûr que le roi va exiger plus encore. »
Il avait raison. Kerala le vit revenir quelques instants
plus tard avec une partition de musique...

« Que veut le roi cette fois-ci ?
– Voilà ce qu'il m'a dit :
"Tu vas jouer pour moi ce morceau de piano. Il vient d'être inventé

par le plus célèbre compositeur du royaume.
Il s'appelle : *Vol de libellules dans les jardins du roi.*
Hé, hé ! c'est un titre fait pour toi, n'est-ce pas, mon jardinier ?"
Le roi riait d'un air mauvais. Il paraît que c'est un morceau extrêmement difficile. De toute façon, je ne sais même pas lire les notes. Je vais devoir renoncer à ma princesse !
termina Wen Yan en pleurant.
– Jamais de la vie ! répliqua Kerala avec détermination.
Combien de temps avons-nous ?
– Le roi m'a dit : "Dans ma grande bonté, je te donne deux jours, car c'est vraiment un morceau impossible !"
– Ne te décourage pas, Wen Yan. Connais-tu un pianiste ?
– Le musicien du palais est mon ami, mais...

– Parfait ! Va le chercher immédiatement.
J'ai un plan. »

Deux jours plus tard, le roi convoqua toute sa cour dans l'immense salle de concert du palais pour écouter Wen Yan.
Il s'installa sur son trône, au grand Balcon d'Honneur, tout au fond de la salle. À sa droite était assise la ravissante princesse qui pleurait à chaudes larmes... Comme tous les courtisans, elle était sûre que son Wen Yan allait être humilié à jamais !

Le jardinier se mit à jouer. **Ô prodige !**

Ses mains dansaient et virevoltaient sur le clavier comme s'il avait plus de dix doigts ! L'assemblée écoutait, ensorcelée.

Lorsqu'il eut terminé,

la salle faillit s'écrouler sous un tonnerre d'applaudissements.

Wen Yan se leva pour saluer.
Alors, les courtisans du premier rang
comprirent la supercherie : derrière
le pianiste se cachait un panda qui
se faisait petit, tout petit, dans son dos.
C'est Kerala qui avait joué le morceau,
en passant les pattes
sous les manches du jardinier !

Il venait d'apprendre à jouer du piano en un temps record.

Enchanté, le musicien du palais avait déclaré à Kerala :
« Avec tes larges pattes, tu vas devenir le pianiste le plus agile de tous les temps ! Tous les musiciens du monde rêveraient d'avoir les douze doigts d'un panda ! »
Le roi, lui, n'y avait vu que du feu. Motus et bouche cousue, les courtisans ne dirent rien, car tout le château aimait l'humble jardinier. Et, devant des centaines de témoins,
le roi fut obligé de respecter sa promesse.

Les noces de la princesse et du jardinier eurent lieu le lendemain. La princesse était radieuse dans sa robe de fête.

Le jardinier était au comble du bonheur.

En les voyant si heureux, le roi oublia sa colère et serra Wen Yan sur son cœur. Quant à Kerala, pendant le festin qui suivit, il mangea de fort bon appétit, avec deux fourchettes dans chaque main !

Et il ne regretta plus jamais d'être un panda à six doigts...

JE SUIS FORMIDABLE !

Mon prénom

....

....

Ma taille

....

Mon animal préféré

....

Ce que je veux faire quand je serai grand

....

Ma famille

....

....

Ma date de naissance

Ma couleur préférée

Ma signature

Ma photo

Mon empreinte digitale

Mes rêves
les plus grands

Mon premier voyage

Ma chanson préférée

Le sport que je pratique

La blague
qui me fait le plus rire

Mon livre préféré

Mon arbre préféré

Les prénoms de mes amis

Mon dessin animé favori

Ce que j'aime manger

FLEURUS

Direction : Guillaume Arnaud
Direction éditoriale : Sarah Malherbe
Édition : Anna Guével
Direction artistique : Élisabeth Hebert, assistée de Bleuenn Auffret
Conception graphique : Magali Meunier
Direction de fabrication : Thierry Dubus
Fabrication : Florence Bellot

Site : www.fleuruseditions.com
ISBN : 978-2-2151-3123-6
MDS : 652 441
Numéro d'édition : 16072

Achevé d'imprimer en mars 2016
par Publikum, en Serbie
Dépôt légal : avril 2016